KLEINE GESCHICHTE DES FEMINISMUS

女性主义简史

[德]帕图　[德]安特耶·施鲁普 著

冯晓春 译

中国出版集团 东方出版中心

图书在版编目（CIP）数据

女性主义简史 / （德）帕图，（德）安特耶·施鲁普
著；冯晓春译. -- 上海：东方出版中心，2025. 4.
ISBN 978-7-5473-2693-0

Ⅰ. D440-09

中国国家版本馆CIP数据核字第20256SX178号

© Unrast Verlag 2025

上海市版权局著作权合同登记：图字09-2025-0131号

女性主义简史

著　　者　［德］帕　图　［德］安特耶·施鲁普
译　　者　冯晓春
策　　划　王欢欢
责任编辑　王欢欢
装帧设计　李　佳

出 版 人　陈义望
出版发行　东方出版中心
地　　址　上海市仙霞路345号
邮政编码　200336
电　　话　021-62417400
印 刷 者　上海万卷印刷股份有限公司

开　　本　890mm×1240mm 1/32
印　　张　3
字　　数　100千字
版　　次　2025年4月第1版
印　　次　2025年4月第1次印刷
定　　价　39.00元

目　录

夏娃和亚当——究竟什么是女性主义？

几乎所有文化都区分性别——往往是在男女两个性别之间进行区分，但有时也不尽然。比如《圣经》的创世神话就讲述了亚当和夏娃的故事。

"上帝让亚当陷入沉睡，从他的身体一侧取走一根肋骨并且用肉合拢。接着上帝用这根肋骨塑造了一个女人。亚当说：'这是我骨中的骨，肉中的肉，可以称她为女人（Ischscha）①，因为她是从男人（Isch）身上取出来的！'"

现在我们往往认为先有男人，后来才有了"用他的肋骨"制造的女人。但是希伯来语中"亚当"一词并不是男性的名字，而是指代"人类"。亚当原先并没有性别。随着夏娃的诞生，与其说世界上出现了女人，不如说出现了性别差异：从原本没有性别色彩的人类中分离出了女人和男人。

然而，将亚当和男人等同暴露了问题的关键：许多文化将男人与人类混为一谈。在某些语言中甚至只用一个词来表述二者（比如法语单词"Homme"）。男人意味着人类本身，而女人却被视为衍生品、残次品或附属品。

这往往会酿成某些实质性后果，因为地区、主流意识形态和时代不同，后果不尽相同：比如，女人拥有的权利更少、钱更少，只能有条件地出入公共场所，且更难获取权力地位。或者说，在更加开放自由的社会中，她们即便被视作"地位等同"，却不得不把男性的标准当作衡量标准。

男性至上被称为"父权制"（字面意思：父亲的统治）。父权制有很多不同的形式。除了性别关系外，这种等级差异事实上还包括其他统治形式：家长对子女的统治，主人对仆人的统治，自由者对奴隶的统治，本地人对外乡人的统治，"富裕阶层"对"下层阶级"的统治等。

---

① 这句话出自《圣经》创世记第 2 章第 23 节。"女人"在希伯来语中为"Isha"。在《圣经》中，这个词也被用来指代夏娃。她是第一个女人，"众生之母"。"男人"在希伯来语中对应的词是"Ish"。德语原文则采用 Ischscha 和 Isch 与之对应。这说明了夏娃和亚当的关系，即女人派生自男人。

父权制如何产生，因何产生，对此还存在争议。有些人把父权制看作历史发展的必然结果。父权制大约出现在五千年前，当时早期文化日渐受到压制。有些人则认定父权制是大势所趋。并非所有人都能怀孕生子，所以形成了牺牲女性利益的性别分工。还有人完全拒绝父权制的概念，因为它把很多不同的现象放在同一个框架下讨论。

事实上，不同的"父权制"社会之间各有特点，单单用一个概念不足以解答所有具体情境。但是它们之间有共同点：所有父权制社会中都存在女性主义——而女性主义者多数都是女性。她们拒绝文化中的男性优越论并且捍卫女性的自由。

与其说女性主义是一个固定纲领，不如说它是一种姿态：女性主义者把性别差异视为一种重要的分析工具。没有这种工具就不能理解社会进程和社会关系。她们把女性自由作为行动的参照标准。因为对她们来说，女性自由本身具有价值，这一点无须进一步论证。

此外，不同的女性主义者观念差别很大，有的甚至截然相反。她们往往受到所处时代具体问题和困境的影响——当然也和相关思想家和活动家自身的主观想法有关。

想要理解女性主义思想，就必须始终将其放在具体语境中加以考察，而不是要求一个明确定义。任何人都不能避免做出自己的判断并形成自己的立场。因为不存在所谓的"女性主义"，只有层出不穷的新建议、新成果和新认识。

本书介绍了女性主义的部分理念及其发展过程，重点讨论欧洲和西方世界的女性主义，因为这是德国学术话语依托的传统，而且本书的两位作者也深谙这一传统。女性主义在世界上其他任何地方都存在过，现在也依然存在，只是有时候看起来不尽相同。

古　代

　　欧洲古代——即古希腊和古罗马时期——流传下来的最早的文本就已经出自父权制社会。所以几乎只有男性的哲学和政治思想流传下来，这一时期只有极少数文章明确出自女性手笔。因此，令人感到遗憾的是，当时的妇女在思考什么，关注哪些问题，她们对人类共同生活有哪些看法，在很大程度上还不为人知。

是的，这是件好事。一个男人教女人学习写作是错的，因为他在给一条毒蛇提供额外的毒药。

米南德（Menander，前342—前292），古希腊滑稽剧作家。

　　有些女性留下了只言片语。大约在公元前7世纪到前6世纪，女诗人萨福（Sappho，约前610—约前580）曾经生活在莱斯波斯岛上（爱琴海东北部岛屿），她创作了有关爱欲的诗篇。

　　女性哲学家普托勒迈斯（Ptolemais of Cyrene，生卒年不详）大约在3世纪撰写了一部名为《音乐中的毕达哥拉斯原理》的著作。此外，柏拉图（Flato，约前427—约前347）提过的哲学家狄奥提玛（Diotima）可能是苏格拉底的老师之一，但是没有人知道历史上是否确有其人。

在《希伯来圣经》中出现了多位重要女性，如先知米利暗（Miriam）或政治领袖以斯帖（Esther）。后来在耶稣运动中还出现了使徒犹尼娅（Junia）、德克拉（Thecla）或抹大拉的马利亚（Mary Von Magdala）等。

公元 4 世纪，数学家希帕蒂娅（Hypatia，约 370—415）在亚历山大城授课。公元 415 年，她被偏执狂热的基督教修士杀害。

7

由于这一时期没有专属于女性的文本流传下来，我们只能间接推测她们的想法。

我们来看一段从早期基督教传教士保罗的生平中摘录的话。

同样重要的是：女人应该在教会中保持沉默。

然而事实上……

假如妇女们确实在教会里始终保持沉默的话，那么保罗的谴责就没有必要了。

整个古希腊罗马时期都有人写文章告诫妇女们要安分守己地生活，服从男子，尤其是听从丈夫的指令、履行家庭义务以及不要提要求，等等。

强调这些告诫恰恰表明它们存在争议，而且并不适合所有妇女。

当时我就说女人应该被看见，而不是被听见，但没人听我的。

索福克勒斯（Sophokles，约前497或496—约前406或405），公元前5世纪，古希腊文学家。

尤其在公元2世纪和3世纪似乎已经存在关于女性角色的广泛讨论。部分属于哲学流派"诺斯替教"[①]的文本提出了一种几乎"无性别"的精神和知识的理念，女性也可以通过"像男性一样"来达到这种境界。

那该怎么做呢？大概这样吗？

哈哈，你不可能像我们一样聪明。你又不是男人。

亲爱的上帝，虽然我只是个柔弱的女人，不过请让我变成男人吧！

好的，只此一次，下不为例！

① 诺斯替教是一种起源于罗马帝国时期的秘传宗教，其历史略早于基督教，并在公元初开始为人们所注意。诺斯替教信奉的神拥有女性外观，不同于传统基督教，诺斯替教允许女性直接参与宗教仪式。

中世纪的女性主义

基督教在中世纪的欧洲逐渐成为主流。

小心，基督徒来了！

上帝选我作为他在尘世间的代言人！

你说谎！他选的人是我！

上面那两个人让我烦透了！我宁愿下来找你！

尽管教会是一个等级森严的完全男性化的组织，但还是有很多女性不愿意屈从于这种等级制度。她们并不拒绝基督教本身，而是声称可以不依靠神职人员直接和上帝接触，比如通过灵视和神秘的顿悟。她们解释说，男人们创造的教义不适用于女人。

比如德国女修道院院长希尔德加德·冯·宾根（Hildegard von Bingen，1098—1179）和她同时代的（世俗以及宗教）领袖存在深刻的矛盾。她根据灵视体验洞察更高级的宇宙秩序。

假如上帝是男性，那男性就是上帝。

你说得没错，上帝是个男人。

玛丽·达利（Mary Daly，1928—2010）最初是一名天主教神学家，后来成为 20 世纪女性主义神学最重要的先驱之一。1973 年，她出版的专著《超越父神》，影响了很多女性。戴利后来完全背弃了教会。

很多女性神秘主义者认为，女性更容易找到通向上帝的路径（现在人们会说，她们更明确哪些行为是正确的），因为她们没有融入世俗的权力结构。

有些人公开挑战教会等级秩序，比如米兰的威尔米娜（Wilhelmina Blažena，1210—1281）在1280年看到了显圣。

基督用男性形象代表我。而你，威尔米娜，则是我在人间的女性化身。

两年后……

曼弗雷达，我将不久于人世，去完成我业已开始的工作吧。你必须建立一个由女性领导的教会。

然而威尔米娜的追随者们却被告发到宗教法庭，而曼弗雷达（Manfreda Visconti，？—1300）被判为异端而遭受火刑。

总体而言，从13世纪开始，全欧洲的妇女们越来越强烈地主张在婚姻和修道院之外探索共同生活的模式。她们结对或生活在小群体中，共同劳作；但也有更大的组织有序的集会社团，成员可达上百人。另外有些人选择独居，或成群结队在各地迁徙。

很快就有了一个新的组织形式叫"伯格音"①。有些社团缺少基本规则，有些则制定了共同生活约定。大部分伯格音团体通过成员劳作来维持生计，比如从事手工劳动、看护病患或经商。

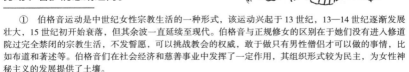

① 伯格音运动是中世纪女性宗教生活的一种形式，该运动兴起于13世纪，13—14世纪逐渐发展壮大，15世纪初开始衰落，但其余波一直延续至现代。伯格音与正规修女的区别在于她们没有进入修道院过完全禁闭的宗教生活，不发誓愿，可以挑战教会的权威，敢于做只有男性僧侣才可以做的事情，比如布道和著述等。伯格音们在社会经济和慈善事业中发挥了一定作用，其组织形式较为民主，为女性神秘主义的发展提供了土壤。

法国人玛格丽特·波雷特（Marguerite Porete，约1250—1310）是最有名的伯格音之一，她的著作《简单灵魂之镜》（*The Mirror of Simple Souls*）是第一部用白话而非拉丁语写成的灵性教科书。她在书中描述了只有通过爱才能找到"上帝"——而非通过教会，亦非通过理性或美德。一切都取决于个人"爱"的能力，即在特定的具体情境中正确行事。法律和抽象规则无助于世间福祉——如此一来玛格丽特·波雷特可以被看作早期的无政府主义者。《简单灵魂之镜》不是哲学论文，它描述了一种实用主义的实验路径（类似20世纪70年代女性运动的主张）。

我们警告你不要再继续散播这本书了！

哼！

巴黎，1310年的圣灵降临节。

尽管如此，波雷特的书还在继续传播，到14世纪已经出现了拉丁语、英语和意大利语译本。

起初教会还能勉强容忍伯格音团体，但到了14世纪和15世纪，教会开始加紧对她们进行迫害，摧毁伯格音团体或迫使它们转型成为受教会控制的修道院。尽管如此，部分伯格音团体一直存续到19世纪才解体。

你抓不到我们！

但在官方认可的女修道院内也有独立的女性传统。比如西班牙女修道院长特蕾莎·德·阿维拉（Teresa de Ávila，1515—1582）为她亲自创立的修道院制定了规则，因为她认为男性设定的秩序规则不适用于女性。针对她也曾启动过宗教审判程序，但最终她的学说被认定为合法。1622 年特蕾莎被正式封为圣徒，1970 年她被认定为首位获封教会博士的女性圣人。

不要用主流意识形态去评价女性主义思想的品质，这一点至关重要。就像教会会把某些具有原创性思维的女性绑在火刑柱上烧死，却为另一些妇女封圣，如今部分女性主义思想被纳入新自由主义思想体系，而另一些主张则被嘲笑是乌托邦。

随着 16 世纪宗教改革运动的兴起，很多女修道院被迫解散，曾经在此生活的女性为了生存不得不嫁人。在许多地方这也意味着独立的女性传统和女性生活方式被摧毁了。

直到 20 世纪，女性主义神学才重新发现了颇多女性传统，而男性撰写的教会史却对此只字不提。

近代女性主义

到了近代，民族国家、法律制度和科学思想渐渐取代了基督教观念。遗憾的是，这并不意味着女性地位的提升，因为据说人们现在开始"客观"地争论……

让我们把上帝的旨意和夏娃的原罪暂且放在一边……

……最新科学发现表明女性仍然是弱势群体。

的确如此，我们律师也只能确认这一点。

法国哲学家克里斯汀·德·皮桑（Christine de Pizan，1364—1430）是目前所知的近代早期有影响力的最重要的女性主义者之一。她在1405年出版了《女性国度之书》（*Le Livre de la cité des dames*），借用书中巧妙的讽刺尖锐批判了当时社会上的厌女现象，尤其是当时的普遍看法，即认定女性不如男性有才能。

为什么有这么多男人散布关于女人的如此可怕的事情？

克里斯汀·德·皮桑："那些诽谤妇女的人心胸狭隘。他们遇到很多比他们聪明、高贵的女人，感觉受到了冒犯，心里很不痛快。出于嫉妒，他们说所有女人的坏话。"

皮桑在《女性国度之书》中颂扬了《圣经》和历史上诸多女性，描述了一幅乌托邦社会图景，女人们身在其中无拘无束，和男人们拥有同等权利。

《女性国度之书》是少数流传下来的讨论所谓的"女性之问"[1]并由女性完成的著述之一。这场遍及全欧洲的辩论围绕女性的本质和地位展开，讨论从 14 世纪一直延续到 18 世纪。其中观点包括彻底否认"女性是人类"、把女性和动物等同，一直到为女性尊严和自由辩护，内容涵盖了方方面面。

总体来说，这一时期关于女性问题的观点已经变得激进了。一方面，对女性的歧视有所增加，这一点在女巫迫害中得到体现。另一方面也出现了一些亚文化，相对而言女性在其中发挥了重要影响，比如所谓的"贵妇人"[2]，一个贵族圈层中的运动。

---

① 原文的法语"Querelle des Femmes"意为女性问题。这场辩论涵盖了很多方面的议题，包括性别的自然（不）平等、女性的社会和政治地位、道德和精神价值、教育、智力、婚姻、女性在艺术中的表现以及女性是否有能力从事艺术创作等。

② 德语原文为 die Preziösen。在 17 世纪中期的法国，"Preziös"（精致的）和"Preziosität"（精致过度，矫揉造作）指极度或过度的文化修养、情感和表达方式；这些方式最初与巴黎的沙龙文化密切相关，那些被认为表现出这种特质的女性群体通常被称为"Preziöse"。她们喜好用极为引人注目的方式展现出自己极高的文化品味和矫饰的举止。莫里哀有一部著名喜剧作品叫作 Les Précieuses ridicules (Die lächerlichen Preziösen, 1660)，就是讽刺了这一现象。中译本《可笑的女才子》由李健吾翻译，1949 年由开明书店首次出版。

法国女性哲学家玛丽·德·古尔内（Marie de Gournay，1565—1645）是贵妇人运动的重要先驱。

生物学上的性别差异并不是人类本质的体现，只是为了繁衍。这窗台上的母猫和公猫也没有区别。

其逻辑的必然结果是女性同样拥有做人的权利，因为从根本上来说，人性的实质既不单指男性也不单指女性。

古尔内在 1622 年出版的《论男性与女性的平等》（*Égalité des hommes et des femmes*）可以被看作现代平等权主义的早期例子，她的观念在当时的确很有远见。

因为平等思想（并不仅仅指不同性别之间，而是在人与人之间）在当时等级森严并按阶层组织的社会中被认为是极度荒谬的，古尔内因此遭到很多嘲笑和挖苦。

"大多数为女性权利辩护的人，反抗男性自恃优越的偏见，结果却走向另一个极端：助长了女性特权。对我来说，我避免一切极端，我只满足于追求女性与男性的平等。"

启蒙运动时期的女性主义

直到18世纪的启蒙运动时期，平等思想才和1789年法国大革命捆绑在一起得到广泛传播。

很多妇女参加了起义。比较传奇的是10月5日的"妇女向凡尔赛宫进军"，当时有8 000多名女工和女性市民参加了这项行动。

---

① 在德语中，"博爱"（Brüderlichkeit）派生自"兄弟"（Brüder）一词，故文中有此一说。

情况变得越来越糟糕：男性越是相互视为"平等"，女性之间的不平等状况就更严重。

女士们，请你们理智一点，虽然你们没有能力这么做！

混账！

按照这一逻辑，性别不再是区分人与人之间的众多特征之一，而是具备了特殊地位。主要论点如下：

女人们可能有思想。可她们一旦从政，谁来照看孩子呢？

反正不是我！

在革命进程中通常有个特定模式：假如发生新的社会运动，往往会有很多女性加入，她们积极参与、示威、抗争。

可是当革命"成功"后，旧的统治者被推翻，新的政体形成，男人们又开始占据主导地位。这一机制是女权主义者讨论的一个重要领域：男人们对机构权力的偏爱从何而来？

为什么女性要忍受这种排斥？

许多女性对形式上的权力和机构的质疑及反感，是否可以用来积极构建后革命社会？

让我想一想……

女权主义者从一开始就反对一边假定人人平等，一边又将人类的一半排除在外。玛丽·沃斯通克拉夫特（Mary Wollstonecraft，1759—1797）和奥兰普·德古热（Olgmpe de Gouges，1748—1793）是其中最重要的两位代表。

早在1790年，英国女教师兼女作家玛丽·沃斯通克拉夫特就写了一本关于人权的著作。1792年，她前往巴黎实地了解法国大革命的后果。

女人存在就是为了取悦男人。

让-雅克·卢梭（Jean-Jacques Rousseau，1712—1778），法国哲学家。

走着瞧，让-雅克，等我的新书出版吧！

玛丽·沃斯通克拉夫特在巴黎撰写了《女权辩护》（*A Vindication of the Rights of Woman*）一书。她是最早批判女性教育导致女性成为缺乏自立能力的人之一，强调了一个至今对很多女权主义者来说依然非常重要的观点：男女之间现实存在的差异并不是"自然"形成的，而是由社会造成的。

倘若我在这里表达一个想法，而我还想在以后继续追问，可能会引来嘲笑。我坚信，女性应该在政府中有代表，而不是在无权参与议政的情况下被任意支配。

沃斯通克拉夫特的女儿玛丽·雪莱（Mary Shelley，1797—1851）在 1818 年创作了世界级畅销小说《弗兰肯斯坦》（*Frankenstein*），这是一部关于现代科幻的杰作，至今仍然具有现实意义。

法国艺术家和人权活动家玛丽·古日（Marie Gouze，1748—1793）在1791年撰写了《妇女和女性公民权利宣言》（*Déclaration des droits de la femme et de la citoyenne*），她更广为人知的名字是奥兰普·德古热。

古日在17岁时被迫结婚，很早就开始参与政治运动。早在法国大革命前，她就主张废除奴隶制，捍卫婚姻自主权，并积极参与其他社会议题。

女同胞们，现在难道不是我们进行革命的时机吗？难道我们要永远彼此孤立吗？……

任何一个没有权利保障和没有确立权力分立的社会，都没有宪法。

如果组成国家的大多数个体没有参与起草宪法，那么宪法就是无效的。

　　古日最著名的口头禅是，既然女性有权上断头台，那么她也应该有权登上演讲台。她最终以悲剧性的方式兑现了这句口号：1793 年，和很多人一样，她因政治观点被罗伯斯庇尔的恐怖政权送上了断头台。

早期社会主义女性主义

19 世纪初，越来越明显的是，人人平等的想法不仅加深了男女之间的鸿沟……

……也拉开了贫富差距。

从这些人中肯定还能挤出每天超过 15 小时的工作时间！

因为政治平等并不考虑真实的生活状况，而是给了富人更多的借口只关注自身利益……

贫穷？我对此也无能为力。幸福要靠每个人自己创造。毕竟我们在法律面前一律平等。

或者，还是阿纳托尔·法朗士（Anatole France, 1844—1924）说得好："在法律的庄严平等之下，富人和穷人都被禁止在桥下睡觉，在街上乞讨和偷面包。"

小姐，我们只是奉公行事。

您看到我在这儿骚扰别人了吗？没有！

于是各种社会主义运动应运而生，它们试图把平等的理念与更广泛的社会正义和物质正义结合起来。其中一些人创建了公社和项目，尝试新的工作方式和共同生活的方式。

大伙儿从公社获得食物。

我要创建一个公社。

我每天只需要工作八小时，那我还能去上学吗？

值得注意的是，不仅有很多女性参与了这些运动，而且几乎所有早期的社会主义理论和规划都明确提出了男女关系问题。性别问题在圣西门主义中尤为重要，社会学家亨利·德·圣西门（Henri de Saint-Simon，1760—1825）的追随者们对此进行了深入讨论。

比谢（Philippe Buchez，法国政治家）：我告诉你，新的世界将由一对教皇夫妇统治。女教皇代表感性，男教皇则代表理性，只有这样才能创建一个和平的社会。

我们一致认为男人必须解放女人，而女性应该在一切公共职务中有代表。

恩凡坦（Barthélemy-Prosper Enfantin，法国社会改革者）：不过有一点你说错了，你的性别特定归属不是天生的，而是由不平等的社会化造成的。

当男人们还在争论不休时……

我受够那些男人了，他们自以为能为我们女人代言。

没错，圣西门主义还是充斥着男性视角。

不如我们自己出版报纸并成立妇女团体吧。

有些女性圣西门主义者通过特立独行的着装表达革命思想，比如她们会穿得不能再短的裙子，就为了让别人看到她们裙子里面还穿着裤子。

著名的圣西门主义者有克莱尔·德玛（Claire Démar，1799—1833）和让妮·再德（Jeanne Deroin，1805—1894）。

正因为女性与男性虽然平等但又不完全相同，所以女性应该参与社会改革工作并在其中体现出男性缺乏的必要元素，从而促成这项工作。

她们发展了性别意识的组织结构模型，同时成立了自己的妇女团体。一般来说，圣西门主义要求每个职位和每种职能必须由一名女性和一名男性共同担任。1850年，再德因政治阴谋被判处六个月监禁。

请告诉我您的姓氏和名字！

在回答问题之前，我必须对你们用来评判我的法律提出异议。法律是由男性制定的，所以我不认可！

她们争取男女平权的主要论点是，女性不能由男性代表，而必须有自己的声音，因为男女有别，偏好和利益也不同。由此她们回应了形式上的平等观念的缺陷。

最著名的早期社会主义理论家是弗洛拉·特里斯坦（Flora Tristan, 1803—1844）。1825年，她逃离了暴虐的丈夫。

虽然没有合法的途径可以让我离婚，但我绝对不会留在这里。

她的丈夫动用一切法律手段追踪她，甚至企图谋杀她。

必须制止她离经叛道的想法。我要在她摧毁我们社会的根基之前杀死她。

特里斯坦坚决抗争并因此在法国赢得巨大的声望。

特里斯坦的家族在秘鲁拥有产业，在她前往该地的旅行中，她对奴隶制和阶级统治感到愤慨。

住手！！！

他活该。他偷了我的东西，还撒谎。

难道最大的盗窃不是奴役人类吗？！我们怎么能指望一个不能拥有自由意志的人还拥有德行呢？

奴隶不欠主人什么，相反，他有权利对主人采取一切行动。

工人阶级只能行动起来才能解放自己。

1840 年，特里斯坦前往伦敦考察资本主义制度下工人的生活条件，并把以上两次经历都写成了书。

"工人们，请好好理解这一点：压迫妇女，不让她们接受教育的法律也在压迫作为无产阶级男性的你们。"

1843 年，特里斯坦的代表作《工人联盟》（*L'Union Ouvrière*）出版，比马克思（1818—1883）和恩格斯（1820—1895）写作《共产党宣言》早了整整五年。在这本书中，她不仅倡导跨行业和跨职业成立工人联盟，还分析了妇女受压迫和无产者受压迫之间的关联。她在法国各地巡回演讲宣传自己的思想，直到 1844 年因伤寒英年早逝。

特里斯坦？没听说过……

当然！你还记得吗……

嘘，小点声！

有组织的妇女运动的开端

在 19 世纪中叶以前，虽然欧洲和美国已经有女性主义活动家和女性团体聚集在一起讨论特定话题或在某些行业开展合作，但几乎没有任何有组织的妇女运动。

右侧图文：第一届女性公民和政治权利大会
塞尼卡福尔斯，N.Y.，
1848 年 7 月 19 日—20 日
女性权利协会

这次由美国女性主义者在纽约州组织的为期两天的会议引起了不小的轰动。

两位会议发起人：

在几乎所有的大会和政治辩论中，女性都不能作为代表参加，甚至还不能进入会场。这一切该结束了，伊丽莎白（Elizabeth Cady Stanton，美国妇女权利运动的领导者）！

没错，亲爱的！我们要让妇女拥有更多的社会和政治影响力。

卢克丽霞·莫特（Lucrezia Mott，1793—1880），女性主义者／贵格会①成员。

伊丽莎白·凯迪·斯坦顿（Elizabeth Cady Stanton，1815—1902），民权活动家和女性主义者。

---

① 贵格会成立于 17 世纪，也称为教友派或公谊会，是基督教新教的一个派别。贵格会信徒相信每个人内心都有上帝的存在，即"内心之光"或"上帝在每个人心中的光"。贵格会强调圣灵的指引，废除外在礼仪和神职人员，反对战争和暴力，主张和平主义，主张人人生而平等，反对奴隶制，同时主张宗教自由。

大约 300 名参与者在塞尼卡福尔斯会议^①上公开表达了支持，其中不乏像黑人民权主义者弗雷德里克·道格拉斯（Frederick Douglass，1818—1895）这样的男性。

　　会议最终通过了一份以美国《独立宣言》为蓝本的《观点宣言》，该宣言明确拒绝所有男性对女性的主导权。

　　"我们坚决主张女性应立即享有其作为美国公民应享有的一切权利和特权。面对我们眼前的这一宏伟事业，尽管我们预料到会遭遇误解、歪曲甚至嘲讽，但我们仍将不遗余力地采取一切必要措施以达成目标。"

---

①　塞尼卡福尔斯会议是美国历史上第一场关于妇女权利的大会。这场会议于 1848 年 7 月 19 日至 20 日在纽约州的塞尼卡福尔斯召开，标志着美国妇女参政权运动的开始。

19世纪下半叶，欧洲也成立了众多妇女协会并举行了多次全国性和国际性会议。与此同时，一种日益明显的反女性主义情绪在男性知识分子中蔓延开来——这里的"反女性主义"按照字面意思理解，即"反对女性"。

插图文字：女权即人权！

FRAUENRECHTE SIND MENSCHENRECHTE!

先生们，看看欧洲的堕落吧！女性解放是欧洲最糟糕的进步之一。

哼！就好像她们真的能像我们一样在公共场合发挥作用似的。

诸如儒勒·米什莱（Jules Michelet，1798—1874）、皮埃尔-约瑟夫·蒲鲁东（Pierre-Joseph Proudhon，1809—1865）和奥古斯特·孔德（Auguste Comte，1798—1857）等众多男性政治活动家、作家和知识分子都对女性参与政治和社会活动的愿望持拒绝态度。

没错，皮埃尔！毕竟，关于女性的体质和心理，我们已经有了足够多的科学依据。

先生们，很高兴我们英雄所见略同。请允许我向你们介绍我的著作《论女性的生理性弱智》。这本书进一步从科学的角度证明了女性不应该接受教育！

然而，这股厌女浪潮反而催生了大量女性主义文献。女性主义者大加挞伐反女性主义者的粗鄙理论，她们时而严肃认真，时而冷嘲热讽。尤其广为流传的是 1858 年由朱丽叶·亚当（Juliette Adam，1836—1936）在法国出版的《关于爱情的反蒲鲁东主义观点：女性与婚姻》（*Idées anti-proundhoniennes sur l'amour, la femme et le mariage*）以及 1902 年由海德薇·多姆（Hedwig Dohm，1831—1919）在德国出版的《反女性主义者》。

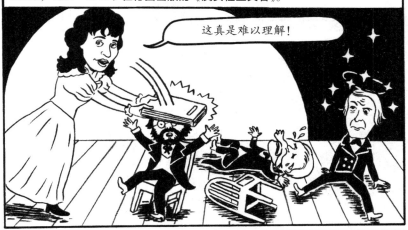

这真是难以理解！

海德薇·多姆："我们的敌人从下上两方攻击我们。换句话说，他们要么以女性在智力和身体上的劣势为理由来反对我们，要么以女性作为家庭女祭司的崇高使命、女性的脆弱或类似的装饰性借口来掩盖他们的反对。不过，他们大多数都会双管齐下，正如那句至理名言，'两边拉紧不易断'。如果我们忽略偶尔出现的伦理和审美上的情绪战栗，他们的论证基本上都是武断的言论。"

反女性主义者可以分为四个类别，此处展示的是"苦难母亲的骑士"①这一类别的一个例子。

WEIBLICHKEIT

---

① 原文采用 Ritter der mater dolorosa 一词。其中 mater dolorosa 是拉丁语，意为"悲悼的母亲"，在基督教传统中特指圣母玛利亚在十字架下哀悼耶稣基督的痛苦。

在 1851 年的美国妇女大会上，原本奴隶出身的巡回传教士索杰纳·特鲁斯（Sojourner Truth，1797—1883）发表的演讲最令人印象深刻。她不仅揭露了所谓的"积极歧视"，指出将女性视为需要保护的弱势性别是一种谎言，还谴责了资产阶级性别刻板印象中的种族主义思想。

她来这里干什么？好吧，我们不能阻止她进来。

我反对让黑人妇女在我们的会议上发言。

女人还想投票？这太可笑了。没有男人帮忙，女人连水坑都跨不过。

　　就内容而言，新兴的妇女协会和女性团体主要关注三个主题：要求获得更好的就业机会，批评传统婚姻和不公正的婚姻法（通常与自由恋爱的观念相结合），以及要求普遍选举权。

女性就业

19 世纪妇女运动最重要的议题是获得就业机会。尽管在工业化初期，尤其在纺织业兴起时，大多数工人都是女性。

然而，随着工厂工作的重要性日益凸显，越来越多的男性工会和组织要求禁止或者至少限制女性去工厂工作。就连欧洲工人阶级的第一个联合组织“第一国际”（1864—1876）也在第一次代表大会上发表了类似的声明，后来才转向更温和的观点。

资产阶级女性的问题又是另一种情况……

因此，获得适当报酬和受尊重的就业机会几乎成为当时所有女性主义活动的核心。为此，女性主义者组织了切实可行的自助倡议活动，不仅从国民经济的角度探讨这个议题，还为争取相应的政策措施开展了游说工作。

大部分女性主义者也反对一切所谓"保护女性"的法律，这些法律以女性的身体构造或生育能力为由从司法层面禁止她们从事某些活动。以下是众多例子中的几例。

我们是英国的女性主义者。去年，也就是1859年，我们成立了"促进女性就业协会"。

……今年成立的这家名叫"维多利亚出版社"的伦敦印刷厂正是由该协会发展而来。

正如你们所见——这是一家纯粹由女性经营的企业！

在这里，女工甚至可以接受培训成为印刷工人。

我们行业的薪酬也相对较好。

这一举措遭到了男性印刷工人和工会的强烈反对，特别值得一提的是该公司还通过激进的价格政策来争取客户。

在德国，记者及女性主义者路易丝·奥托－彼得斯（Louise Otto-Peters，1819—1895）是推动妇女就业的积极倡导者，她在1849年创办了《妇女报》（Frauen-Zeitung，著名口号："为自由的王国招募女性公民！"此外，她还成立了女工和女佣协会，在1866年出版了《妇女的就业权》一书。

1865年，她和其他人在莱比锡组织了第一届德国妇女大会，随后领导"全德妇女协会"长达三十年之久，该协会还为妇女提供进修课程。

我的目标是，一方面支持女工的就业权利，另一方面使她们成为争取妇女政治权利的盟友。

路易丝·奥托－彼得斯："先生们！我以道德的名义、以祖国的名义、以人道的名义向您发出呼吁：在组织劳动时不要忘记妇女！"

哈莉耶特·泰勒·穆勒（Harriet Taylor Mill，1807—1858）和女儿海伦·泰勒（Helen Taylor，1831—1907）是支持女性就业的重要理论家。

哈莉耶特·泰勒·穆勒和她的丈夫、自由主义经济学家约翰·斯图尔特·穆勒（John Stuart Mill，1806—1873）共同撰写了大量关于经济学、选举权以及离婚权的文章。女儿海伦·泰勒也参与其中。她们的经济政策论证带有功利主义色彩，旨在为所有人争取利益最大化。

妇女自由就业可以为国家增加财富。

穆勒夫妇的所有著作都贯穿着自由经济理念和对女性无条件平等的要求之间的联系，这一点在1869年问世的著作《妇女的屈从地位》（*The Subjection of Women*）中得到了明确阐述。该书由穆勒夫妇共同撰写，但仅以约翰·斯图尔特的名义出版。

你确定要这么做吗？

是的，如果以你的名义发表，我们的观点会得到更多的关注和认可。

约翰·斯图尔特·穆勒、哈莉耶特·泰勒·穆勒及海伦·泰勒："一种性别对另一种性别的法律从属关系本身就是错误的，这是当今人类进步的主要障碍之一。"

自由恋爱 / 批判婚姻

19 世纪的另一个重要社会议题是对已婚妇女缺乏法律地位的批判。在大多数欧洲国家，女性婚后几乎失去了对丈夫的所有权利。

你愿意爱护并尊重你信任的丈夫，无论顺境或者逆境，直至死亡将你们分开吗？

是的，她愿意！

你愿意让他来决定居住地，支配你的财产，如果他允许你工作的话，你愿意由他来支配你的收入吗？如果愿意，现在请回答："是的，我愿意！"

啊？？？

"夫妻本是一体，而这个一体就是他。"（出自英国婚姻法）

当时在婚礼上，一个资产阶级女人能有什么选择？婚姻是我唯一的生计。

没有征得丈夫的书面同意，我不能签订合同、经营生意、出庭作证或出国旅行。当然，他对孩子的一切事务也拥有唯一决策权。

这种情况在法国尤为极端，法国的《民法典》甚至明文禁止丈夫给予妻子一般授权——而这原本是许多开明夫妻出于实际考虑而乐于选择的一种方式。在法国，离婚基本上是不可能的。而在其他国家，离婚也只在极为严苛的条件下才被允许，而这些条件往往对女性极为不利。相比之下，德国的情况则有所不同，在 1874 年之前，几乎完全由教会来主持缔结婚约的仪式（教会还常常拒绝主持婚礼）。

婚姻法对不同社会阶层女性的影响不同。

我们无产阶级女性经常未婚同居，选择其他生活伴侣也是常有的事。

因为我们没有什么可以继承或者分配的财产，婚姻的一切繁文缛节没有什么意义。

比如说，婚前性行为对我们来说无伤大雅。你只要注意别怀孕就行。毕竟怀孕会造成经济损失。

此外，无产者很少在法庭上提出意见分歧，偏离传统的婚姻也不会被当成丑闻。

相对而言，资产阶级则非常重视女性的"体面"。资产阶级女性婚后不仅会陷入贫困，通常还会失去子女抚养权，同时失去原先所有的社会关系。因此，资产阶级女性主义者首要关注离婚法的改革，尤其这还涉及继承权问题。

如果我离婚，我就会失去从父亲那里继承的财产。毕竟，依照法律我不具备完全行为能力。

尽管法国女性主义者的改革倡议在整个19世纪都没有取得成功，但在英国这个问题至少引发了广泛争议，并在1857年和1870年取得了部分改善。

然而，很多女性主义者不仅关注婚姻在法律层面的问题，也针对背后隐匿的性道德问题提出猛烈批判。其中某些人，比如法国作家乔治·桑（George Sand，1804—1876）生活放荡且对此毫不掩饰。另一些人，比如美国女性主义者和社会主义者维多利亚·伍德哈尔（Victoria Woudhull，1838—1927）则公开主张女性享有性自决权。

维多利亚·伍德哈尔："是的，我信奉自由恋爱。我有不可剥夺的、宪法赋予的自然权利去爱任何我想爱的人，无论时间长短，只要我愿意，我每天都可以变换这种爱，任何人和任何法律都无权禁止我这样做。"

俄国女性虚无主义者引起了广泛关注。当时她们中有很多人前往西欧学习。但由于单身女性不能离开俄国，她们便和志同道合的男性缔结形式婚姻。这些女性主张废除性别规范，拒绝穿戴传统的女性服饰，甚至开始培养起男性化的行为举止和生活方式。

但是，这些做法在女性主义运动内部也没有得到一致认同。只有少数女性权利倡导者主张彻底废除传统家庭模式。在这个问题上，各个妇女协会和组织并不总是团结一致。有时它们的主张甚至相互对立。

比如在 19 世纪末的德国就出现了三个各持己见的女性主义流派："激进派"代表人物有明娜·考尔（Minna Kauer，1841—1922）、莉达·古斯塔娃·海曼（Lida Gustava Heymann，1868—1943）、阿妮塔·奥格斯堡（Anita Augspurg，1857—1943）和海伦妮·斯托克尔（Helene Stöcker，1869—1943）。

"温和派"代表人物有海伦妮·朗格（Helene Lange，1848—1930）和格特鲁德·贝尔默（Gertrud Bäumer，1873—1954）。

最后是"保守派"，她们希望提升家庭主妇的地位，并没有从根本上批判婚姻制度。

女性选举权和党派政治

女性主义者在争取选举权的立场上也存在很大差异，尤其是资产阶级女性对选举问题表现出极大关注。因为19世纪很多国家的选举权往往与财产或土地所有权相关联，而这也导致很多无产阶级男性没有选举权。

图文：女性选举！

许多社会主义思潮，比如无政府主义，主张更加激进的社会变革，并且普遍反对把工人运动作为政党形式纳入议会制度。

你们的特权？不久的将来，你们就会把这些所谓的特权双手奉上，并且试图通过这种慷慨的分享给特权增光添彩。留着这些破烂吧，我们不想要。

路易丝·米歇尔（Louise Michel，1830—1905），法国无政府主义者。

在美国，女性运动甚至在选举权问题上出现了分裂。1869年南北战争结束后，黑人男子获得了选举权——但女性却没有得到。

这并不意味着我们会允许南方发生这样的情况！我们宁愿支持女性选举权！

不过仍有很多女性主义者对这一变化表示欢迎，她们认为这是黑人争取平等权利的重要进步。然而，苏珊·安东尼（Susan B. Anthony，1820—1906）和伊丽莎白·凯迪·斯坦顿等激进的女性主义者却对此感到愤怒，因为她们预判女性获得选举权的进程将再次被推迟，于是不惜使用粗俗的种族主义言论表达不满。比如，她们讽刺说，现在连"傻瓜和黑人"都有投票选举权，而受过教育的女性却没有。伊丽莎白·凯迪·斯坦顿还表示：

到了 19 世纪末，越来越多的女性主义者开始支持女性争取选举权，并找到了越来越多的男性盟友。尤其是英国的妇女选举权女斗士② 通过富有创意的行动、法律斗争手段和直白激进的行为将这一问题推上了新闻头条。时机已经成熟：到了 20 世纪，女性几乎在每个国家都获得了政治选举权。例如，澳大利亚在 1902 年，芬兰在 1906 年，挪威在 1913 年，丹麦在 1915 年，波兰、德国和奥地利在 1918 年，美国在 1920 年，英国在 1928 年，土耳其在 1930 年，法国在 1944 年，意大利在 1946 年分别实现了这一点，瑞士则稍晚一些，在 1971 年赋予女性选举权。

---

① 《革命》存在于 1868—1879 年。该杂志显示，斯坦顿和安东尼的基本理论多属于天赋人权的范畴，但是进入 19 世纪 70 年代，她们的讨论内容逐渐超越传统的自由主义的思想框架，开始涉及卖淫、性病以及就业女性的生存状况等问题。

② 原文 Suffragetten 源自 "suffrage"，意为选举权。这个词由英国《每日邮报》在 1906 年创造，最初是一个带有污蔑性的称谓。

选举权辩论的结果之一是让女性和政党之间的关系逐渐成为焦点。

20 世纪初，许多妇女组织纷纷成立，它们往往和某个党派或宗教教派关系密切。例如，克拉拉·蔡特金（Clara Zetkin，1857—1933）通过她创办的刊物《平等》成为德国社会主义妇女运动的主要组织者之一。

这些女性一方面在组织内部积极呼吁争取妇女的权利、表达诉求，同时她们也尝试争取其他女性支持她们的观点。尽管不同的妇女组织之间有时会相互结盟，但他们也经常相互排斥，不能真正代表广大女性的利益。

还有一些人根本不相信机构组织，比如俄裔美国活动家埃玛·戈尔德曼（Emma Goldman，1869—1940）。她首先是一名无政府主义者，其次才是一名女性主义者，抑或相反？

你们已经看到女性争取选举权的运动是怎么一回事。这是一场资产阶级运动，在大多数情况下是极端保守的、清教徒式的，甚至带有种族主义色彩。难道我不应该质疑这样的运动吗？

如果选举真能改变什么，它就会被禁止！

我希望看到女性成为自由人，不受国家、教会、社会、丈夫和家庭等因素的束缚。

当然，有些女性希望通过获得选举权来解放自身。但谁从中受益最多呢？大多数女性只是希望成为更好的基督徒、家庭主妇和公民。

从那以后，一方面是政治立场，一方面是女性希望克服思想观念局限性达成团结一致的意愿，这两者之间的紧张关系成为女性主义中一个持续且棘手的问题。

"第二性"？

另一个与引入女性选举权有关的问题是，形式上的权利并不一定能改善女性的社会状况。对此，法国哲学家西蒙娜·德·波伏瓦（Simone de Beauvoir，1908—1986）在1949年撰写了一部基础性著作。

现在仍然有人声称存在女性的自然本质。

我从未感到自卑。我一直以非传统和自主的方式生活。尽管如此，"身为女性"却让每个女人沦为"第二性"。

在《第二性：女性的习俗和性别》（*Le Deuxième Sexe*）一书中，波伏瓦探讨了西欧文化史和哲学史，同时研究法律、文学、道德观念和文化习俗如何塑造了性别角色。

"我犹豫了很久是否要写一本关于女性的书。但这个话题令人厌烦，尤其对于女性而言。况且这也不是什么新鲜事。关于女性真的有问题吗？是什么问题呢？女性是否真的存在？"

波伏瓦最著名的一句话可能是："女人不是天生的，而是后天形成的。"她的观点是，性别观念是由文化塑造的，并不是简单地存在于"事物的本质"之中。

此外，波伏瓦并没有隐瞒，女性被动从属的社会角色并不仅仅是男性赋予的，女性自身也要承担主要责任。

我们所有女性既是受害者也是加害者。

波伏瓦在政治上首先呼吁女性从母亲的角色中解放出来，将更多精力投入职业或政治生涯中，进而逐步消除性别差异。

直到二十年后，波伏瓦才在新一轮女性运动中被重新发现，并被尊崇为女性主义运动的偶像。

尽管波伏瓦的文化分析得到了当时和现在大多数女性主义者的认同，但并不是所有人都赞同她的论断。其中包括法国精神分析学家露西·伊利格瑞（Luce Irigaray，1930—）。

波伏瓦将男性的生活模式视为准则，她仅仅要求女性去适应这种准则。

伊利格瑞在1974年出版的《他者女人的窥镜》（*Speculum: de l'autre femme*）中指出，"男性气质"不仅建立在文化基础上，还建立在符号秩序和语言基础上。

女性必须首先找到自己的语言，发展自由的女性主体性——只有这样，男女之间才有可能真正建立起联系。

为了实现性别差异理论，必须彻底变革思维和伦理。我们需要重新阐释一切，尤其是这样一个事实，即主体性总是将自己定义为男性，即使它声称自己是普遍的或中立的。

基于这两种立场形成了一场广泛的、关于平等与差异之间关系的女性主义辩论，这场辩论一直持续到今天。

　　"平等女性主义"与"差异女性主义"之间的冲突经常被简化。诚然，平等女性主义者有时过于不加批判地屈从于男性规范。而另一方面，一些差异女性主义者则假设存在所谓"天然的"女性本质。尽管如此，双方都为如何处理平等与差异之间不可调和的紧张关系贡献了智慧。

独立的女性运动

20 世纪 60 年代末，随着美国和欧洲其他地方学生运动的兴起，独立的女性运动也再次席卷而来。这里的"独立"一词是指女性主义者不再优先忠于自己的组织、政党或教派，而是有意识地作为女性团结起来。因为她们对以往男女共同参与革命运动却由男性主导的情况感到失望。

---

① 施普林格出版社成立于 1842 年，起源于德国柏林。该出版社在 20 世纪 60 年代确立了国际化的科技出版地位，业务遍及全球，涵盖自然科学、社会科学、医学以及建筑等各个学科领域。在 1968 年运动中曾经有过一场反施普林格运动，即"Anti-Springer-Kampagne"（ASK），它不仅仅是一场针对施普林格出版社舆论垄断的斗争，同时也是动员"议会外反对派"（Außerparlamentarische Opposition，APO）的核心因素之一。其成员严厉批评这家保守出版社的市场影响力和报道，认为它对联邦德国的新闻自由造成威胁。反施普林格运动在 1968 年 4 月的"施普林格封锁"中达到高潮。

在德国，电影制片人赫尔克·桑德（Helke Sander，1937— ）和其他女性共同成立了"女性解放行动委员会"。

---

① 学生争取民主社会组织（SDS），全称"Students for a Democratic Society"，是一个成立于20世纪60年代初的美国新左派激进学生组织。该组织在理论上偏向西方马克思主义与文化批判，采用激进方式要求进行大学改革，试图将大学校园改造成革命阵地。随着运动的深入，部分女性成员认为她们在组织内部受到了不公正的待遇，提出的议题被排斥，同时被置于运动的次要地位，因此宣布从组织中独立出去。

② 德国社会主义学生联盟（SDS），全称"Sozialistischer Deutscher Studentenbund"，是德国社会民主党的青年组织。该联盟将自己视为国际新左派的一部分，自1966年起也是西德议会外反对派（APO）的一部分，代表反权威的社会主义。它采取"闯入"、"静坐"和"讲习"等形式宣扬左翼理念、抨击时弊、影响舆论、推动变革，对1960年代的西德学生运动产生了很大的影响。

1968 年 9 月，德国社会主义学生联盟（SDS）在法兰克福举行的一次会议上发生了著名的"投掷西红柿事件"。桑德在会上介绍了女性解放行动委员会的要求，其他男性与会成员没有讨论就想直奔下一个主题。这时一个名叫西格丽德·吕格尔的听众从购物袋中随手掏出一个西红柿扔向讲台，迫使大家讨论未完主题。

半年前我们开始行动时，大多数男同志嘲笑我们。现在我们选择退出，他们又对我们感到愤恨不满，试图证明我们的理论完全错误。他们强调自己同样遭受压迫，这一点我们也清楚。不过他们用自己遭受的压迫转而来压迫我们，对此我们无法再逆来顺受。

呃……你想要多少西红柿？

我要很多很多！

20 世纪 70 年代，"分离主义"实践催生了一波女性团体、女性书店和女性咖啡馆。这股风潮不仅在大都市盛行，也风行于众多小城镇。美国女性主义者开创了"意识提高"的活动，即通过对话交流个人经验并进行政治反思——这种做法逐渐被其他国家的女性团体所采纳。

很快，大量女性主义报刊应运而生，在德国最著名的女性刊物是《勇气》（*Courage*，1976—1984）和至今还在运营的《艾玛》（*Emma*，创刊于 1977 年）。

就内容而言，这一时期女性主义运动三个相互关联的重要议题是：要求身体自主权、对子女教育和家务劳动的重新规划以及对性暴力丑闻的揭露。

争夺怀孕自主权

糟糕！你现在打算怎么办？这些医生没有一个会帮你，尤其你还未婚先孕。

反正我肯定不会去找那些江湖医生。听说有的女人因为失血过多死在他家饭桌上了。

你听说过用毛线针可以打胎吗？

没有，但你别说了，我都能想象得到。我只知道用香菜可以打胎。

我拿到了萨拉的电话号码。如果我联系她，就必须得说和她得了一样的病。大约要花500马克，我都不知道上哪儿凑这么多钱。

这件事得绝对保密！如果堕胎的事情曝光，很多人会瞧不起我，而且我可能还得坐五年牢呢。

当时女性运动的核心议题之一是身体自主权，其标志性口号是"我的肚子我做主"。

无论有什么法律和宗教教条——女性还是会选择堕胎。所以问题并不在于是否堕胎，而在于如何堕胎。

WEG MIT §218

MEIN BAUCH GEHÖRT MIR!

1971 年 4 月，包括凯瑟琳·德纳芙（Catherine Deneuve，法国女演员，1943—）和让娜·莫罗（Jeanne Moreau，法国女演员，1928—2017）等名人在内的近 350 名法国女性在《新观察家》上公开宣布她们曾经堕胎。1971 年 6 月，在爱丽丝·施瓦泽（Alice Schwarzer，女权主义者，1942—）的倡议下，德国的《明星周刊》也开展了类似活动，森塔·伯格（Senta Berger，奥地利女演员，1941—）和罗密·施耐德（Rommy Schneider，奥地利女演员，1938—1982）等人通过这种方式为废除堕胎的法律禁令而奔走呼吁。

图文：抵制《刑法》第 218 条签名处

并不是所有在以上媒体中支持堕胎的女性都有过类似的经历，她们这样做是为了宣布怀孕自主权，这和所有女性有关。

在美国，女性主义者支持对得克萨斯州的堕胎禁令提起集体诉讼。事实上，美国最高法院在 1973 年的"罗诉韦德案"[1]中宣布，只要胎儿尚未具备生存能力，州法律不能禁止女性堕胎。

在前民主德国，人民议会早在 1972 年就规定怀孕最初三个月内的堕胎合法化。联邦德国议会也在 1974 年通过了类似的"期限解决方案"，但该法律很快被联邦宪法法院撤回。

---

① "罗诉韦德案"（Roe v. Wade）是"罗"起诉"韦德"案件，是美国联邦最高法院于 1973 年受理的保护妇女堕胎权以及隐私权的重要案例。"罗"是化名，是得克萨斯州的一名怀孕女子，因为保护隐私而选择不公开姓名。"韦德"是当时的地方检察官亨利·韦德。1972 年，为"罗"辩诉的两名律师莎拉·威丁顿和林达·考费要求得克萨斯州取消堕胎禁令。几经周折，美联邦最高法院 1973 年就"罗诉韦德案"做出裁决，确认美国宪法保护女性堕胎的自由。2022 年 6 月 24 日，美国最高法院作出裁决，推翻"罗诉韦德案"的判决，取消近半个世纪以来美国宪法规定的堕胎权，并将堕胎合法性问题留给各联邦州自行应对。

如今德国实行"事实性期限解决方案"，也就是说，官方虽然禁止堕胎，但只要妊娠者遵守特定的规定，比如进行咨询谈话，就不会被追究刑事责任。

只有在医学、优生学或犯罪学意义上，认定"女性不能承受时"，怀孕超过12周后的堕胎才被视为合法，当事人不被追究刑事责任。

听起来好像在这个期限内堕胎对所有人来说很容易似的。除非"特殊情况"，否则你必须自费堕胎。

我最近听说有个年轻的美国女人试图通过众筹来支付自己的堕胎手术费用。

我可以想象。因为我在德国的合法身份尚未明确，所以完全无法享受医疗服务。对我来说，怀孕、生产和堕胎都会给我制造很多麻烦。

59

并不是所有女性主义者都认同当时的辩论局限于堕胎议题，很多人认为其他问题更重要。另一些人则认为这些要求还不够深入。美国活动家舒拉米斯·费尔斯通（Shulamith Firestone，1945—2012）在 1970 年出版的畅销书《性的辩证法：女性解放和性革命》（*The Dialectic of Sex: The Case for Feminist Revolution*）中主张彻底废除生物家庭。

　　人们应当共同生活在合住社区中，从此不再有特殊的母子关系。费尔斯通的乌托邦理念之一是通过人工生殖来消除生物怀孕。这将创造一个性别差异不再重要的社会。

　　除了提出政治诉求，妇女们在 20 世纪 70 年代还组织了实际的支持行动。她们组织前往荷兰的旅行，当地允许女性堕胎。她们还相互学习避孕方法并建立妇女健康中心，通过自主检查阴道研究自己的身体等。

家庭暴力

70 年代，某个女性主义团体……

我没想到，我们团体中有这么多人在婚姻或伴侣关系中遭遇过家庭暴力。

女性运动第二波浪潮的第二个重要议题是针对妇女和儿童的家暴丑闻。

直到现在，家庭对于许多女性而言不是避风港，而是危险之地。

MY HOME IS MY CASTLE

图文：家是我的牢狱

婚内强奸和暴力殴打基本上不被认定为犯罪行为，而是私事。

我最好还是忍气吞声，不然他会报复我的。

很多受害女性认为自己也许仅仅只是例外。

很可能是她把他惹怒了！

哎呀，争吵在婚姻中很正常嘛！

直到在女性中心和自我体验小组中分享完经历，大家才明白，家庭暴力不仅仅是个案，还是一个结构性问题。

因此，当时的女性主义者几乎在所有城市都自主建立了女性求助热线和女性庇护所。在那里，遭受家庭暴力的女性无须办理烦琐手续就能得到保护。

在政策制定方面，女性主义者呼吁禁止婚内强奸。

1997 年，德国刑法终于做出了相应的修改。在此期间，许多当时由女性主义者自主建立的女性庇护所和咨询中心一部分由国家收归管理，一部分得到了公共资金的支持。

家务、照护、母职

第三个核心议题是对性别分工的批评。在这种分工模式下，男性负责外出工作赚钱，而女性则在家庭中（无偿）承担家务和抚养子女的责任。

"女性解放行动委员会"曾在早期的一项决议中呼吁"废除资产阶级社会对私人生活和社会生活的分离"。赫尔克·桑德（Helke Sander，1937—）是儿童托管行动的联合发起人之一。在这场运动中，母亲和教育工作者共同发起倡议，推动建立了一种替代性的儿童保育机构。这场运动并不仅仅包括组织家务和照护工作，还涉及新的教育理念，严肃看待儿童的个性，比如采用反权威的教育方法。

如何重新规范家务劳动、照护工作和经济组织方式是一个有争议性的话题。一部分人呼吁"为家务劳动支付报酬"，这不仅有助于保障家庭主妇的独立收入，同时也能使家务劳动成为国民经济可见的一部分。（对于当时大多数人而言，将无偿的烹饪、清洁、洗衣和养育子女视为"工作"是一个全新的认知。）其他人则要求在两性之间平等分配家务劳动和职业劳动，或者推进家务劳动专业化和集体化。在辩论过程中，女性"天生"适合成为母亲和从事相关照料活动的观点也受到了批判。

1987 年，绿党阵营中的部分女性发表了所谓的《母亲宣言》，要求为非就业母亲提供基本经济保障，同时呼吁提升家务劳动的价值。批评者指责该宣言强化了性别刻板印象。

女士们，不要拒绝当母亲，不要满足于只当成功女性。

因为：成为母亲不仅仅只有负担，同时也有乐趣。

为了让女性成为免费劳动力，不能向她们宣传洗碗或洗衣服的美丽和神秘，而得向她们宣扬成为母亲的美好。

——波伏瓦

事实上，社会发展在日后的进程中更倾向于实现就业"平等"，而家务劳动则继续被当作私人事务，这种情况直到今天依然没有改变。这种对就业工作的优先考虑获得了相应法律变更的支持，例如通过对抚养权的广泛限制或育儿津贴的调整。

20 世纪 90 年代和 21 世纪初，越来越多的女性走入职场，确实为她们带来了更多的个人经济保障，但是家务劳动脆弱的框架条件——现在多数被放在"照护"这个概念下讨论——实际上更趋恶化。相较于 20 世纪 60 年代和 70 年代，尽管现在女性的职业劳动时间明显增加，但男性在照顾家庭方面的投入几乎没有增加。

问题是，如果没有"家庭主妇"，谁来承担以前"家庭主妇的工作"呢？——这个问题最终还是没有得到解决。结果，职业母亲承受着压力和双重负担，家政服务转移到那些在家庭中工作、生活没有着落、经济状况不稳定的移民女性那里；或者外包给公共机构，但由于费用高昂，往往以牺牲质量为代价，或者意味着在以上机构工作的人员工资收入低、工作条件差。

在此期间，女性主义的倡议活动继续围绕"照护"这一主题而展开。2014年3月，这些活动在柏林举行的"关怀革命"行动会议上得以汇集，并由此成立了一个同名网站，旨在继续在政治辩论中推动这一议题。

妇女主义 [1] 和交叉性——反对白人资产阶级妇女的主导地位

[1] "妇女主义"（Womanism）的概念最初由作家爱丽丝·沃克在散文集《寻找我们母亲的花园》（*In Search of Our Mothers' Gardens: Womanist Prose*）中提出。"妇女主义"强调黑人女性或有色人种女性在种族、阶级和性别歧视中的斗争。"妇女主义"和"女性主义"的主要区别在于前者专注于黑人女性或有色人种女性，同时对抗性别歧视和种族歧视，具有"少数民族"色彩，而后者作为由欧美学界主导的女性主义在很大程度上体现中产阶级、异性恋的白人女性在社会生活中对教育和权利等的追求。

1932 年以来美国出台了强制绝育法案——这一措施反映了美国政府的种族主义人口政策。受影响的主要包括原住民女性、墨西哥裔美国女性、波多黎各女性和非洲裔美国女性。

20 世纪 60 年代以来，越来越多的女性公开批评白人资产阶级妇女对女性权利的主导性地位，比如诗人奥黛丽·洛德（Audre Lorde，1934—1992）。

如果白人女性主义理论认为不需要关注我们之间的差异以及由此产生的压迫差异，那么你们如何看待这样一个事实：当你们参加女性主义理论相关会议时，主要是贫困女性和"有色人种女性"在帮助你们打扫住所和照看孩子。

或者是哲学家安吉拉·戴维斯（Angela Davis，1944— ），她在 1981 年出版了《女性、种族和阶级》（*Women, Race and Class*）。

作为一名黑人女性，我的政治观点和政治归属感与我参与为人民争取自由的斗争密切相关，同时也和全世界被压迫民族的斗争密不可分。

种族主义女性主义者！我简直不敢相信！

我很震惊！

为了明确这些差异，黑人女性活动家创造了"妇女主义"这个术语。各种形式的歧视交织在一起也被称为"三重压迫"（指性别、肤色和阶级的三重压迫）。

20 世纪 80 年代末，法学家金伯莉·克伦肖（Kimberlé Crenshaw，1959—）创造了"交叉性"的概念。该概念明确指出，不能将各种形式的歧视简单叠加，即一个人同时作为女性、黑人或女同性恋受到歧视。不同程度的歧视交织在一起，导致各方面的具体特征也会发生相应的变化。比如，黑人女性作为妇女受到的待遇也和白人妇女不同。

金伯莉·克伦肖批判了反歧视法对不平等待遇的片面理解。这里举一个例子：德·格拉芬里德状告通用汽车公司案[1]。

通用汽车公司在大规模裁员中几乎只辞退了黑人女性。这里涉及歧视性公司政策。

法官先生，根本谈不上歧视。仍然有女性和黑人男性在同一部门工作。

起诉被驳回。

---

① 1976 年 5 月，爱玛·德·格拉芬里德等人向美国密苏里州东区法院起诉通用汽车公司圣路易斯装配部在执行裁员政策中存在"最后雇佣—首先解雇"等歧视黑人妇女的行为，该起诉在同年 9 月被法院驳回。

概念漫游

最初的三个类别是种族、阶级和性别。

图中文字从左到右依次为：种族、阶级、族裔、性别、性取向、身体规范、年龄等等，中间的文字为交叉性。

"种族"这一类别无法从美国语境直接移植到德国语境中去。

很快我们就发现，除了这三个类别之外，还有许多其他方面的不公正——比如基于性取向、身体规范和年龄等方面的歧视等。

目前，交叉性方法在女性主义中实际上是必不可少的，尽管在现实中有时仍然会遇到问题。

提高女性地位和性别主流化

20 世纪 80 年代，许多国家的女性开始在政治机构内部积极争取有效的性别平等，并启动相应的法律倡议来提高女性地位。

1995 年在北京举行的第四次联合国世界妇女大会是一个高潮，来自 189 个国家的官方代表参加了此次会议。会议最终达成一份目录，各国承诺将促进政治、经济和社会层面的男女平等，共同对抗妇女贫困，并追究针对女性的暴力行为。相关政策的重要之处在于区分"性"和"性别"，即区分生物学上的性别和社会性别角色。政策同时强调，这些规范和行为模式是通过教育和社会形成的，所以不能用生物学上的男性或女性身份进行推导。

此后，在国家和欧洲层面上也出台了很多相关法律条文。在"性别主流化"的指导思想下，欧盟要求成员国将性别视角纳入政策制定过程，有意识地考虑各项措施对男女可能产生的不同影响。许多机构设立了女性和性别平等专员。

起初，这些职位多数由有自主女性运动经历和背景的女性担任。她们试图在这些机构中引入女性主义政策。但随着时间的推移，越来越多来自行政部门的女性（也包括部分男性）接管了这些职位。他们并不一定认为自己是女性主义者。

用自由代替平等

  然而，将女性主义要求制度化在女性主义者中引发了不同的反响。许多人反对这种设想，即女性可以通过和男性获得平等地位以及适应男性文化及其规则来获得自由。与此相关的是对"女性同胞"这一概念的批判，即认为女性能够团结一致来提出共同诉求。

  1984 年，作为最早的倡议者之一，奥黛丽·洛德在一次面向白人女学者的演讲中明确指出了这一点。她要求认真看待女性之间的差异，并将此作为女性主义行动的起点。

> 我们各自的差异（没有任何一方占据主导地位）是相互关联的。

我们从这种相互性中获得安全感，促使我们为未来创造真正的愿景。差异是原材料，也是一种强大的纽带，我们的个人力量可以从中得到锻造。

开创这种"非本质主义差异女性主义"的先锋是意大利的女性主义者。她们围绕米兰的女性书店和维罗纳的女性哲学家社团狄奥提玛开展活动。1989 年，她们出版了《女性自由的形成》（*Wie weibliche Freiheit entsteht*）一书。这本书的集体作者提出，女性的自由很大程度上依赖于相互之间深厚的友谊和紧密的联系。这一运动最重要的代表人物之一是哲学家路易莎·穆拉罗（Luisa Muraro，1940— ）。

通过女性之间的关系以及对欲望的解放，我们已经认识到，有很多力量和能量存在，只要释放它们，就能帮助我们使女性生存的条件变得更自由、更美好、更愉快。然而，政党、左翼、国家和欧盟将平等的理念植入了女性主义。它们向我们灌输了一种理念，与其创造新社会，不如掌握权力。

意大利女性主义者认为，女性不应该只依赖于针对国家、政治或男性的"要求政治"，而应该将愿望和计划托付给其他女性权威。这一理念在德国被称作"相互信任"而广为人知。

第三波女性主义浪潮

女性运动在 20 世纪 80 年代分化成不同方向，作为一个共同的"有力的"运动，它不再那么引人瞩目。与此同时出现了一些反对女性运动成果的反动力量。一些男性发起了维护他们特权的反击运动——美国记者苏珊·法鲁迪（Susan Faludi, 1959—）在 1991 年出版的著作《反挫：谁与女人为敌》（*Backlash: The Undeclared War Against American Women*）中深度解析了这一现象。也有部分女性认为女性主义已经得到实施和贯彻，因为性别平等已经实现，她们自称为"后女性主义者"。

针对这一趋势，美国在 20 世纪 90 年代率先形成了被称为"第三波女性主义浪潮"的新运动。

这一概念起源于美国，可以追溯到丽贝卡·沃克（Rebecca Walker，1969— ）的号召。她生于 1969 年，是著名女作家爱丽丝·沃克（Alice Walker，1944— ）的女儿。1992 年，为了回应当时一项将一个强奸犯无罪释放的

法庭判决，丽贝卡写了以下这段话："我写下这段文字并呼吁所有女性，尤其是与我同时代的女性：对女性经验如此遭到否定感到愤怒吧。请把这种愤怒转化为政治力量吧。只要他们不为我们工作，就不要给他们投票。如果他们不优先考虑让你们享有对身体和人生的自由决定权，就不要与他们同床，不要与他们共享面包，不要供养他们。我不是后女性主义者。我是第三波女性主义者。"

这一运动催生出各式各样的项目，比如结合流行文化和女性主义的"暴女"① 运动以及 2008 年创刊的德国女性杂志《女士》（Missy）。

图文为：革命女孩风格，就是现在！② 要暴动，不要节食③

---

① "暴女"运动（"Rrriot Girls"或者"Riot Grrrl"）也被称为"地下朋克女性主义"，是 20 世纪 90 年代初在美国西北太平洋地区兴起的一场亚文化运动，强调女性在音乐和文化中的参与和表达，影响遍及二十多个国家。这场运动的参与者无法忍受朋克音乐场景中的性别歧视，于是组建自己的乐队、编写自己的音乐杂志来表达对性别不平等、性别认同、家庭暴力和女性赋权等问题的看法。在中国，相关讨论可能更多地集中在文化研究和女性主义理论的领域，而非直接的音乐或社会运动实践。
② 这句话最初由女子朋克乐队"比基尼杀戮"（Bikini Kill）提出，是"暴女"运动的标志性口号之一。
③ 这句话是一个女性主义口号，强调身体积极性和自我接受，反对传统的减肥和美容标准，鼓励女性和所有性别的人拥抱自己的身体，而不是盲目追求社会所强加的不切实际的，甚至是有害的美学理想。

尽管将女性主义划分为不同"浪潮"在很多方面存在争议，而且在这些团体内部也有意见分歧，但是"第三波"女性主义和"第二波"女性主义的倾向性有所不同："第三波"女性主义反对将两性截然对立，批判关于女性特质的"自然"观念……

"第三波"女性主义质疑传统政治形式，更青睐通过互联网等更加宽松的联系方式。

她们在文化和传媒领域更加活跃，对任何形式的教条主义都很敏感。

天呐，这可是性别歧视啊！

是呀，不过我们总不能成天大惊小怪的。

……未完待续！

人名附录

（按文中出现的先后顺序排列）

1. 米南德（Menander，前342—前292），雅典贵族出身，古希腊新喜剧的代表作家，剧本多以爱情故事和家庭生活为主题。他的主要著作有《公断》（*The Arbitration*）和《萨摩斯女子》（*Samia*）等。

2. 萨福（Sappho，约前610—约前580），古希腊抒情诗人，出身于贵族世家，一生创作过很多情诗、婚歌、颂神诗和铭辞等。《阿佛洛狄忒颂》（*The Ode to Aphrodite*）是唯一一篇完整保留下来的萨福诗作。

3. 普托勒迈斯（Ptolemais of Cyrene），生卒年不详，女性哲学家，大约生活在公元3世纪。普托勒迈斯是古希腊唯一一位有文本留存于世的女性音乐理论家，但目前尚缺乏关于她的传记资料。她在《音乐中的毕达哥拉斯原理》（*Pythagorean Principles of Music*）中阐述了各种古代音乐传统流派的认识论和方法论，并将其分为亚里士多德派和毕达哥拉斯派。这两个流派在音乐知识的感知和理性使用上有不同的理解。普托勒迈斯在音乐哲学思想史上具有重要地位。

4. 柏拉图（Plato，约前427—约前347），古希腊哲学家、思想家、教育家、数学家，和苏格拉底、亚里士多德并称为"希腊三贤"。

5. 狄奥提玛（Diotima），古希腊哲学家柏拉图著作《会饮篇》（*The Symposium*）中的女性人物，被描述成一位女先知或女祭司，对爱情和其他许多问题都有深刻的见解，曾教授柏拉图爱的哲学。后世认为她是柏拉图虚构的人物，而另一些人则认为确有其人。

6. 米利暗（Miriam），公元前13世纪耶和华的女先知，出生于利未人的家族，是暗兰和约基别的大女儿，亚伦和摩西的姐姐。

7. 以斯帖（Esther），一位犹太女性，在《以斯帖记》中扮演重要角色。以斯帖后来成为古波斯王后，凭借勇气和智慧化解阴谋，帮助古波斯境内的犹太人免遭灭绝。

8. 犹尼娅（Junia），这个人物出现在《圣经·新约》中，使徒保罗向她和另一位追随者安多尼古致以问候。她被保罗视为杰出的使徒。

9. 德克拉（Thecla），早期基督教文献中的一个重要人物，在《保罗行传》（*The Acts of Paul*，约100—160）中被描绘为贞洁的女烈士。她因拒绝婚姻和坚持基督教信仰而受到迫害。德克拉的故事象征着女性在基督教早期的牺牲和奉献，展示了女性在早期基督教中的角色和影响力。

10. 抹大拉的马利亚（Maria von Magdala），在《圣经·新约》中被描述为耶稣最著名的女性追随者之一，在耶稣复活后成为第一个见证人。天主教将她的名字译为玛利亚玛达肋纳。罗马天主教、东正教和圣公会把抹大拉的马利亚视为圣人。

11. 希帕蒂娅（Hypatia，约370—415），史料记载的第一位女性数学家、哲学家。作为当时亚历山大城新柏拉图主义学派的领袖，希帕蒂娅坚持宣传科学，提倡思想自由，触怒了亚历山大城的大主教西里尔，后者唆使一群暴徒用极其野蛮残忍的方式谋杀了希帕蒂娅，这位杰出的女数学家成为宗教政治斗争的牺牲品。

12. 索福克勒斯（Sophokles，约前497或前496—约前406或约前405），古希腊剧作家，与埃斯库罗斯和欧里庇得斯并称为古希腊三大悲剧诗人。他在长达70年的创作生涯中共创作123部悲剧和滑稽剧，有7部流传至今，包括《埃阿斯》（*Ajax*）、《俄狄浦斯王》（*Oedipus Rex*）、《安提戈涅》（*Antigone*）、《特拉喀斯少女》（*Women of Trachis*）、《菲罗克忒忒斯》（*Philoctetes*）和《俄狄浦斯在科罗诺斯》（*Oedipus at Colonus*）。索福克勒斯提倡民主精神，歌颂英雄人物，他的作品反映了雅典民主政治全盛时期的思想。

13. 希尔德加德·冯·宾根（Hildegard von Bingen，1098—1179），作曲家、作家、医学家、科学家、哲学家和预言家。希尔德加德在2012年被教廷封为圣人并获得了"教会圣师"的称号，她是天主教会史上第四位女性圣师。主要著作有《美德典律》（*Ordo Virtutum*，1151）、《生之功德书》（*Liber vitae meritorum*，1158）和《神之功业书》（*Liber divinorum operum*，1163）等。

14. 玛丽·达利（Mary Daly，1928—2010），美国神学家、哲学家、语言学家，20世纪女性主义神学的重要先驱，致力于批判传统父权制以及父权制的宗教观念。戴利先后出版了《教会与第二性》（*The Church and the Second Sex*，1968）、《超越父神：走向女性解放的哲学》（*Beyond God the Father: Toward a Philosophy of Women's Liberation*，1973）和《妇科学／生态学：激进女性主义的元伦理学》（*Gyn/Ecology: The Metaethics of Radical Feminism*，1978）等著作，在女性主义神学领域产生了深远影响。

15. 威尔米娜（Wilhelmina Blažena，1210—1281），波希米亚女王康斯坦茨和国王普热梅斯尔一世的女儿。她的门徒安德烈·萨拉米塔（Andrea Saramita）认为威尔米娜是以女性身份化身的圣灵，旨在拯救犹太人、撒拉森人和异教徒。威尔米娜去世后，西岑修道院举行了隆重的葬礼，她身后受到极高的尊崇：在外被视为圣人，在内则因其神性而受到秘密崇拜。

16. 曼弗雷达·德·皮罗瓦诺（Maifreda Visconti da Pirovano，？—1300），出生于意大利贵族家庭，神秘主义者，威尔米娜的追随者，被指定为其继任者。曼弗雷达的目标是通过强化女性的伟大来实现教会的精神复兴，后被指控传播异端思想而处以火刑。曼弗雷达的案例是中世纪宗教审判和异端迫害的一个典型例子，她的命运表现出当时女性在宗教和政治斗争中的脆弱地位。

17. 玛格丽特·波雷特（Marguerite Porete，约1250—1310），神秘主义者，她的代表作《简单灵魂之镜》（*The Mirror of Simple Souls*，1300）关注灵魂如何通过六个隐喻状态达到与神的合一，这种合一是一种"无知"和"无愿"的状态，即灵魂完全消融在神的爱中。她的观点被康布雷的主教谴责为亵渎神明，作品遭到公开焚烧。她拒绝撤回书中观点，因此被教会视为异端而在1310年遭受火刑。《简单灵魂之镜》后来被视为有关中世纪自由精神异端的主要文本。

18. 特蕾莎·德·阿维拉（Teresa de Ávila，1515—1582），西班牙神秘主义者、作家和改革家。她一生致力于宗教改革，被认为是历史上在教会和社会中发挥了非凡作用的女性之一。她的主要著作有《生平》(*The Life of the Holy Mother Teresa of Jesus*，1565)、《完美之路》(*The Way of Perfection*，1566) 和《寓所》(*Interior Castle*，1588) 等。

19. 克里斯汀·德·皮桑（Christine de Pizan，1364—1430），法国作家、政治思想家和道德哲学家，出生于意大利，晚年隐居于修道院直至去世。皮桑在代表作《女性国度之书》（*Le Livre de la cité des dames*，1405）中创造了一个由历史上的英雄和贞洁女性构成的寓言城市。她的作品在20世纪中期重新受到重视，被认为是为女性辩护的早期女性主义作家，也是西方最早的女性主义作家之一。

20. 玛丽·德·古尔内（Marie de Gournay，1565—1645）活跃于文艺复兴时期的法国，她是米歇尔·德·蒙田（Michel de Montaigne，1533—1592）的养女，也是蒙田作品的遗稿编辑。她的作品涵盖文学理论、道德哲学、教育著作和社会批评等广泛议题。她的著作《论男性与女性的平等》（*Égalité des Hommes et des Femmes*，1622）是早期女性主义思想的代表作之一。古尔内在这部作品中断言男女在智力上平等，强调女性同样有权利接受教育和参与社会活动。

21. 玛丽·沃斯通克拉夫特（Mary Wollstonecraft，1759—1797），英国作家、哲学家、历史学家和女权主义者。代表作《女权辩护》（*A Vindication of the Rights of Woman*，1792）是早期女权主义运动的重要文献之一。这本书的核心观点是，女人之所以被奴役，根源在于腐败的社会化过程，它不仅阻碍女性的心智成长，同时使她们相信为男人服务才是人生的高尚目标。《女权辩护》认为男性和女性都应被视为有理性的生命，并设想建立一种基于理性之上的社会秩序。该书挑战了启蒙时代女性面临的不平等现象，玛丽·沃斯通克拉夫特被视为女权主义哲学的奠基人。

22. 让-雅克·卢梭（Jean-Jacques Rousseau，1712—1778），法国启蒙思想家、哲学家、教育家和文学家。卢梭的代表作包括《论人类不平等的起源和基础》（*Discours sur l'origine et les fondements de l'inégalité parmi les hommes*，1755）、《社会契约论》（*Du contrat social*，1762）、《爱弥儿》（*Émile ou de l'éducation*，1762）、《忏悔录》（*Les Confessions*，1782）和《新爱洛漪丝》（*Julie ou la nouvelle Héloïse*，1761）等。他被誉为启蒙运动最卓越的代表人物之一。

23. 玛丽·雪莱（Mary Shelley，1797—1851），英国浪漫派诗人珀西·雪莱（Percy Shelley，1792—1822）的妻子。玛丽·雪莱擅长创作传奇和哥特式小说，以科幻小说《弗兰肯斯坦》（又译《科学怪人》）（*Frankenstein*，1818）而闻名于世，被誉为科幻小说之母。她的写作风格融合了哥特文学的惊悚元素和深刻的哲学探讨，对后世产生了深远影响。

24. 奥兰普·德古热（Olympe de Gouges，1748—1793），原名玛丽·古日（Marie Gouze），法国女权主义者、剧作家和政治活动家，以提倡女性权利和废除奴隶制而闻名。她的代表作是《妇女和女性公民权利宣言》（*Déclaration des droits de la femme et de la citoyenne*，1791）。法国大革命期间，德古热因被指控反对罗伯斯庇尔政权、与吉伦特派关系密切而被送上断头台。奥兰普·德古热的去世标志着女权运动在法国大革命期间的悲剧性转折，但她的思想和行动为后来的女性争取权利奠定了基础。

25. 阿纳托尔·法朗士（Anatole France，1844—1924），法国作家、文学评论家和社会活动家，1921 年获诺贝尔文学奖。法朗士一生创作了 20 卷小说以及近 20 卷诗歌、回忆录、文学评论、戏剧和历史著作等。他洞察资本主义社会的黑暗，后期逐渐接受社会主义思想并积极投身于进步活动，是一位人道主义者。主要著作有《金色诗篇》（*Poèmes dorés*，1873）和《波纳尔之罪》（*Le Crime de Sylvestre Bonnard*，1881）等。

26. 亨利·德·圣西门（Henri de Saint-Simon，1760—1825），法国哲学家、经济学家和空想社会主义者。代表作有《一个日内瓦居民给当代人的信》（*Lettres d'un habitant de Genève à ses contemporains*，1803）和《新基督教》（*Nouveau Christianisme*，1825）等。他对后来的社会主义思想产生了深远影响，也为马克思主义理论的形成奠定了基础。

27.菲利普·比谢（Philippe Buchez，1796—1865），法国政治家、社会改革者和社会主义者。比谢强调工人阶级的权利和社会责任，认为社会的和谐需要理性与情感的结合，支持男女平等。

28.巴特雷米·普罗斯珀·恩凡坦（Barthélemy-Prosper Enfantin，1796—1864），社会改革者和圣西门主义者。1848年法国革命期间，恩凡坦积极参与政治，支持工人权利和社会改革，他的思想为工人运动提供了理论基础。他同时主张女性应在公共生活中获得更多的权利和代表。恩凡坦的思想具有乌托邦色彩，他曾设想建立一个理想社会，由男人与女人共同参与治理，实现情感与理性的平衡。

29.克莱尔·德玛（Claire Démar，1799—1833）是一位与圣西门运动有关的法国女性主义者、思想家，她的观点在当时极具先锋性，主张所有被剥削者的"解放"，包括奴隶、无产阶级和未成年人等。

30.让妮·再德（Jeanne Deroin，1805—1894），法国社会主义者、活动家和圣西门主义者。再德对现代女性主义理论，尤其是"差异"学派的思想作出了巨大贡献。她参与创立了《女性政治》（La Politique des femmes，1848）和《女性观点》（L' Opinion des Femmes，1849）等刊物，致力于争取女性和工人阶级的平等和解放。

31.弗洛拉·特里斯坦（Flora Tristan，1803—1844），法国空想社会主义者，活跃于1848—1849年欧洲革命前夕。特里斯坦出生于波尔多，她的母亲是法国中产阶级女性，父亲是秘鲁出生的西班牙贵族。她在法国和秘鲁对女性状况的观察激发了她为许多社会问题发声。她在代表作《工人联盟》（L'Union Ouvrière，1843）中倡议将女性状况与工人阶级的困境结合起来。

32.卡尔·马克思（Karl Marx，1818—1883），德国思想家、政治学家、哲学家、经济学家、革命理论家、历史学家和社会学家，马克思主义的创始人之一，第一国际的组织者和领导者，国际共产主义运动的开创者，代表作有《资本论》（Das Kapital，1867—1894），和恩格斯合著《共产党宣言》（Manifest der Kommunistischen Partei，1848）。

33.弗里德里希·恩格斯（Friedrich Engels，1820—1895），德国思想家、哲学家、革命家、教育家和军事理论家，马克思主义的创始人之一。

34.卢克丽霞·莫特（Lucrezia Mott，1793—1880），美国教友派牧师、废奴主义者、社会改革家及女权的倡议者。她在教友会的教义下长大，认为所有人在上帝面前都是平等的。莫特一生都在为妇女、黑人和其他边缘化群体的社会和政治改革而斗争。

35. 伊丽莎白·凯迪·斯坦顿（Elizabeth Cady Stanton，1815—1902），美国女权运动的先驱和领袖之一。斯坦顿一生致力于争取妇女权益，是塞内卡福尔斯会议的主要推动力量，并且是该会议《观点宣言》（*Declaration of Rights and Sentiments*，1848）的主要撰写者，以及女权杂志《革命》（*The Revolution*，1868—1872）的创办者之一。

36. 弗雷德里克·道格拉斯（Frederick Douglass，1818—1895），美国废奴运动领袖，美国第一位黑人联邦元帅。道格拉斯的母亲是黑人奴隶，父亲是白人。道格拉斯同时也是杰出的演说家、作家、人道主义者和政治活动家，凭借自传《弗雷德里克·道格拉斯：一个美国奴隶的生平自述》（*Narrative of the Life of Frederick Douglass, An American Slave*，1845）而闻名于世。

37. 托马斯·杰斐逊（Thomas Jefferson，1743—1826），美国开国元勋之一，曾于1801年至1809年担任美国第三任总统，也是《独立宣言》（*Declaration of Independence*，1776）的主要起草人。

38. 儒勒·米什莱（Jules Michelet, 1798—1874），法国历史学家。在近代历史研究领域中成绩卓越，以其多卷本作品《法国史》（*Histoire de France*，1879）而享有盛名，《法国史》被认为是现代历史学的奠基之作。儒勒·米什莱被誉为"法国史学之父"。

39. 皮埃尔 – 约瑟夫·蒲鲁东（Pierre-Joseph Proudhon，1809—1865），法国政论家、经济学家、社会主义者、互助主义哲学的创立者，被视为无政府主义最具影响力的理论家之一。

40. 奥古斯特·孔德（Auguste Comte, 1798—1857），法国哲学家，社会学和实证主义的创始人，被认为是现代意义上首位科学哲学家。孔德发明了"社会学"（sociology）这一术语，被尊称为"社会学之父"。他创立的实证主义学说是西方哲学由近代转入现代的重要标志之一。

41. 朱丽叶·亚当（Juliette Adam，1836—1936），法国作家。她的沙龙里聚集了许多共和党领导人，他们共同反对19世纪70年代的保守派立场。她还撰写关于外交政治的笔记，抨击俾斯麦并倡导复兴主义政策，致力于推动法国的复兴和在欧洲的地位。她的代表作有《关于爱情的反蒲鲁东主义观点：女性与婚姻》（*Idées antiproudhoniennes sur l'amour, la femme et le mariage*，1858）。

42. 海德薇·多姆（Hedwig Dohm，1831—1919），德国作家。她是最早提出性别角色是社会化结果而非生物决定的女性主义思想家之一。多姆倡导男女平等的教育，坚信女性的经济独立是避免陷入"婚姻监狱"并能够基于平等地位选择（或拒绝）伴侣的唯一途径。她不仅在小说中表达了自己的观点，还撰写文章来支持女性主义。尽管她没有加入任何正式的组织，但她通过写作为争取女性权利的斗争做出了贡献。她的著作包括《妇女的天性和权利》（*Der Frauen Natur und Recht*，1876）和《反女性主义者：辩护之书》（*Die Antifeministen. Ein Buch der Verteidigung*, 1902）等。

43. 索杰纳·特鲁斯（Sojourner Truth，1797—1883），福音派传教士，美国非洲裔废奴主义者和妇女权利的倡导者。索杰纳原为黑奴，曾遭受奴隶主的残酷对待。1827 年纽约州废除奴隶制后，她开始投身于福音派的传教工作，并在传教的内容中融入废奴和女性主义的思想。索杰纳·特鲁斯是 19 世纪美国人权卫士的代表之一。

44. 路易丝·奥托-彼得斯（Louise Otto-Peters，1819—1895），作家、德国妇女权利运动的先驱，创立《妇女报》（*Frauen-Zeitung*, 1849—1853），该报纸是德国早期妇女运动中最重要的出版物之一；此外，她联合其他女性共同创立了"全德妇女协会"并担任该协会的首任主席。她的代表作是《妇女的就业权》（*Das Recht der Frauen auf Erwerb*，1866）。奥托-彼得斯一生致力于争取女性权利和实现性别平等，为后来的妇女权利运动奠定了基础。

45. 哈莉耶特·泰勒·穆勒（Harriet Taylor Mill, 1807—1858），英国哲学家和女性权利倡导者。她的著作主要集中于社会政治哲学领域，尤其关注女性权利问题。她先嫁给商人约翰·泰勒并育有三名子女。后来，她与哲学家约翰·斯图尔特·穆勒建立了深厚的思想和情感联系，最终在第一任丈夫去世后与穆勒结婚。她对穆勒的思想产生了重要影响，并且在女性权利方面有独到的见解，被认为是穆勒多部著作的共同作者。

46. 海伦·泰勒（Helen Taylor, 1831—1907），英国作家、演员。她是哈莉耶特·泰勒·穆勒的女儿，哲学家约翰·斯图尔特·穆勒的继女。母亲去世后，海伦·泰勒放弃了成为演员的愿望，转而全力照顾她的继父，并同继父一起推动女性权利事业的发展。

47. 约翰·斯图尔特·穆勒（John Stuart Mill, 1806—1873），英国哲学家、心理学家和经济学家，继承了孔德的实证主义哲学。他最早把实证主义思想从欧洲大陆传播到英国，并与英国经验主义传统相结合。他的著作包括《论自由》（*On Liberty*, 1859）和《妇女的屈从地位》（*The Subjection of Women*，1869）等。

48. 乔治·桑（George Sand，1804—1876），法国小说家，凭借处女作《安蒂亚娜》（*Indiana*，1832）一举成名。乔治·桑一生的作品超过50卷，涵盖了故事、戏剧、政治文本、70部小说和20卷的回忆录《我的一生》（*Histoire de ma vie*，1855），同时包括大量书信和政论文章。

49. 维多利亚·伍德哈尔（Victoria Woodhull，1838—1927），美国女权主义者和废奴主义者。她关注的主要问题是：女性应该冲破所有束缚，应当没有任何阻碍地自由选择伴侣。她是美国妇女选举权运动的领袖，曾经以平等权利党候选人身份参与总统竞选，是美国历史上第一位竞选总统职位的女性；她也是美国华尔街首位女性股票经纪人。

50. 明娜·考尔（Minna Kauer，1841—1922），德国教育家、记者和激进女性主义者。她为女性在中等教育、高等教育和劳动领域的平等权利而奋斗，并要求实现妇女普选权。她也是德国最早的女性工会创始人。1889年，考尔成立了女性受薪雇员商业联盟，并与他人共同创立了社会援助工作女童和妇女小组，开创了女性社会工作专业教育的先河。

51. 莉达·古斯塔娃·海曼（Lida Gustava Heymann，1868—1943），德国激进女性主义者、和平主义者，1933年之前一直活跃在德国中上层妇女运动中。海曼希望"帮助妇女摆脱男性统治"。她用巨额遗产建立了一个妇女中心，提供膳食、托儿所和咨询。她还创办了一所男女同校的中学，同时创立了女文员和戏剧工作者专业协会。

52. 阿妮塔·奥格斯堡（Anita Augspurg，1857—1943），德国激进女性主义者。作为女性权利的倡导者，她积极参与争取妇女选举权的斗争，并在1902年联合创立了德国妇女选举权联盟。

53. 海伦妮·斯托克尔（Helene Stöcker，1869—1943），德国激进女性主义者、和平主义者，关注性别关系和性改革问题。她提倡基于爱的"新伦理"，呼吁超越压抑性性道德，并为女性争取性自由和自决权，是"保护生育和性改革联合会"的创始人，也是"进步妇女协会联合会"的联合创始人。

54. 海伦妮·朗格（Helene Lange，1848—1930），德国教育家，致力于女性教育的改革。朗格相信通过教育可以改善女性的地位，并为他们提供就业的机会。她帮助建立了德国妇女教师协会（Allgemeiner Deutscher Lehrerinnen-Verband，ADLV）和德国妇女协会联盟（Bund Deutscher Frauenvereine，BDF）。

55. 格特鲁德·贝尔默（Gertrud Bäumer，1873—1954），德国政治家、作家。贝尔默在女性运动中扮演了重要角色，她与海伦妮·朗格长期担任德国妇女协会联盟（BDF）杂志《妇女》（*Die Frau*, 1933—1944）的编辑。此外，贝尔默在第一次世界大战期间曾发起国家妇女服务（NFD），组织德国妇女在前线提供战争支持。

56. 路易丝·米歇尔（Louise Michel, 1830—1905），巴黎公社的重要人物。在受刑罚被押送到新喀里多尼亚后，她接受了无政府主义。回到法国后，她成为法国重要的无政府主义者，并在欧洲各地巡回演讲。

57. 苏珊·安东尼（Susan B. Anthony, 1820—1906），美国民权运动与女权运动领袖，在19世纪美国废奴运动与妇女选举权运动中扮演了关键角色。她和伊丽莎白·凯迪·斯坦顿是第一个妇女禁酒运动组织的共同创立者，也是女权杂志《革命》（*The Revolution*, 1868—1872）的创立者之一。她曾周游美国和欧洲，在各地发表演讲。在女性权利被美国政府承认和合法化的过程中，安东尼是重要领导者之一。

58. 乔治·弗兰西斯·崔恩（George Francis Train, 1829—1904），美国商人。1872年，他作为独立候选人竞选美国总统。同年，他在为女权活动家维多利亚·伍德哈尔辩护时，因他的报纸刊登过一桩涉嫌通奸丑闻的报道而被控猥亵罪并入狱。

59. 克拉拉·蔡特金（Clara Zetkin, 1857—1933），德国社会民主党和第二国际左派领袖之一，国际社会主义妇女运动领袖之一，德国共产党创始人之一。1892年，她创建了社会民主主义的女性刊物《平等》（*Die Gleichheit*, 1891—1923）。克拉拉·蔡特金被誉为"国际妇女运动之母"。

60. 埃玛·戈尔德曼（Emma Goldman, 1869—1940），美国无政府主义者，以其政治主张、著作与演说著称，20世纪上半叶，她的无政府政治哲学在北美和欧洲的发展中扮演了关键角色。

61. 西蒙娜·德·波伏瓦（Simone de Beauvoir, 1908—1986），法国作家、哲学家、女权运动的创始人之一。波伏瓦从小展现出独立性和反叛精神，拒绝父母对她事业和婚姻的安排，宣称"我绝不让我的生命屈从于他人的意志"。波伏瓦的代表作《第二性》（*Le Deuxième Sexe*, 1949）在思想界引起极大反响，一度被梵蒂冈教会列入禁书目录，后来成为女性主义经典著作，被誉为西方妇女的"圣经"。

62. 露西·伊利格瑞（Luce lrigaray, 1930— ），法国女性主义理论家，与茱莉亚·克里斯蒂娃（Julia kristeva, 1941— ）、埃莱娜·西苏（Hélène Cixous, 1937— ）并称为女性主义研究的"三驾马车"，在哲学、心理学、语言学、社会学和政治学等领域都有深入精到的研究。伊利格瑞的性别差异伦理思想是当代女性主义伦理思想的重要组成部分。她的著作包括《他者女人的窥镜》(*Speculum de l'autre femme*, 1974)、《非一之性》(*Ce sexe qui n'en est pas un*, 1977)《东西方之间》(*Entre Orient et Occident*, 1999)和《性差异的伦理学》(*Éthique de la différence sexuelle*, 1984)等。

63. 赫尔克·桑德(Helke Sander, 1937—),德国女性主义电影导演、作家、演员、活动家和教育家。她主要以纪录片作品和对二十世纪七八十年代妇女运动的贡献而闻名。

64. 莫尼克·维蒂格(Monique Wittig, 1935—2003),法国作家、哲学家,主张废除性等级制度,并创造了"异性契约"(heterosexual contract)的概念。

65. 阿德里安·里奇(Adrienne Rich, 1929—2012),美国诗人、散文家,被称为"20世纪下半叶阅读人数最多、最具影响力的诗人之一"。里奇批判了僵化的女性主义身份形式,强调"女同性恋连续体"的概念,即影响和充实妇女生活的女性团结和创造力的连续体。

66. 凯瑟琳·德纳芙(Catherine Deneuve, 1943—),法国女演员,曾获得第55届威尼斯电影节最佳女演员奖和第48届柏林国际电影节终身成就金熊奖。

67. 让娜·莫罗(Jeanne Moreau, 1928—2017),法国演员、歌手和导演,曾获得第49届威尼斯国际电影节终身成就金狮奖和第10届欧洲电影学院终身成就奖。

68. 爱丽丝·施瓦泽(Alice Schwarzer, 1942—),记者,德国当代最著名的女权主义者,女性主义杂志《艾玛》(*Emma*, 1977—)的创始人和发行人。

69. 森塔·伯格(Senta Berger, 1941—),奥地利导演、演员。

70. 罗密·施耐德(Romy Schneider, 1938—1982),奥地利女演员,因主演《茜茜公主》三部曲而被观众熟知。

71. 舒拉米斯·费尔斯通(Shulamith Firestone, 1945—2012),加拿大裔美国作家。费尔斯通是激进女权主义和第二波女性主义运动的核心人物,同时也是三个激进女权主义团体的创始成员之一:纽约激进女性、红丝袜和纽约激进女权主义者。她的著作有《性的辩证法:女性解放和性革命》(*The Dialectic of Sex*, 1970)等。

72. 奥黛丽·洛德(Audre Lorde, 1934—1992),美国作家、诗人和社会活动家,代表作《赞米:我名字的新拼法》(*Zami: A New Spelling of My Name*, 1983)。洛德的父母是来自加勒比海地区的移民。她的作品以其个人经历和对社会正义的承诺为基础,她的诗歌以其强烈的情感表达、对社会不公的批判以及对个人身份的探索而著称。洛德被认为是 20 世纪最重要的女性主义和同性恋权利活动家之一。

73. 安吉拉·戴维斯（Angela Davis，1944— ），美国当代著名政治活动家、学者和作家，因其在民权运动、种族正义、妇女权利和刑事司法改革方面的工作和影响力而广为人知。戴维斯本人经历过种族隔离，因此深刻体会到种族歧视的现实。她的著作包括《女性、种族和阶级》（*Women, Race, and Class*，1981）、《蓝调遗产与黑人女性主义》（*Blues Legacies and Black Feminism*，1999）和《监狱是否过时？》（*Are Prisons Obsolete*?，2003）等。

74. 金伯莉·克伦肖（Kimberlé Crenshaw，1959— ），美国人权活动家和法学家。她提出的"交叉性"理论强调有色人种女性的遭遇往往是种族歧视和性别歧视的交叉产物，这一理论指出理解有色人种女性的经历对于现代女权主义的重要性，从而深刻影响了女权主义运动。"交叉性"理论对于解决性别、种族、阶级等多重身份的交叉问题，对于理解和解决复杂的社会不平等问题具有重要启迪作用。

75. 路易莎·穆拉罗（Luisa Muraro，1940— ），意大利哲学家，狄奥提玛女性哲学家团体的创始人之一，在当代女性主义思想领域有重要影响力。

76. 朱迪斯·巴特勒（Judith Butler，1956— ），美国后结构主义哲学家、酷儿理论家、女性主义哲学家、修辞学与比较文学教授。她的代表作有《性别麻烦》（*Gender Trouble*，1990) 和《身体之重：论"性别"的话语界限》（*Bodies That Matter: On the Discursive Limits of Sex*，1993) 等。巴特勒受到过黑格尔、马克思、海德格尔、现象学、克尔凯郭尔、梅洛－庞蒂以及法兰克福学派等欧陆现代哲学的影响，她以对性别和性的表演性质的理论而闻名，在文化理论、女性主义哲学以及酷儿理论等领域产生了深远影响。巴特勒的作品已被翻译成超过 27 种语言，在全球范围拥有广泛影响。

77. 苏珊·法鲁迪（Susan Faludi，1959— ），美国记者和畅销书作家。她的代表作《反挫：谁与女人为敌》（*Backlash: The Undeclared War Against American Women*，1991）论述了媒体如何扭曲关于女性的新闻以反击女性主义的进步，该书在 1992 年获得了国家图书评论家奖。

78. 丽贝卡·沃克（Rebecca Walker，1969— ），美国作家、编辑和社会活动家，第三波女性主义的创始人之一。丽贝卡·沃克和他人共同创立了第三波基金（Third Wave Fund），该基金旨在资助致力于社会正义的女性和跨性别青年。丽贝卡·沃克曾被美国《时代》周刊（*Time*，1923— ）评为她这一代最有影响力的领导人之一。

79. 爱丽丝·沃克（Alice Walker，1944— ），非裔美国小说家、诗人，女性主义思想的践行者。代表作《紫色》（*The Color Purple*，1982）运用黑人英语方言描绘了 20 世纪初一个非裔美国女性在乔治亚州农村的成长和自我实现，该书使爱丽丝·沃克成为首位获得普利策小说奖的非洲裔美国女性。

译 后 记

2024 年初春的某个下午，我接到东方出版中心学术文化分社编辑王欢欢老师的邀约，来翻译这部《女性主义简史》，于是我欣然领命。我是德语文学研究出身，曾在博士论文阶段和女性文学发生了近距离接触，从此对女性文学念念不忘。当时我发现在德语文学译介进入现代中国的过程中，现代女作家群体作为接受群体的相关研究文献数量上远远低于同时代的男性作家，便考虑"性别视角之于中外文学交流"这一课题是否具有可行性和实操性。这个想法让我和女性主义研究产生了奇妙的缘分：从中国现代女作家的生平创作，到女性主义在 20 世纪中国的发展历程，从德语文学中的女性书写，到西方女性主义理论，我好像闯进了一个奇幻的迷宫，又像置身于一个巨大的宝库。感谢这本《女性主义简史》让我有机会续写这段缘分，同时引领我回顾和梳理女性主义在西方的发展道路，同时它也将用一种图文并茂的方式向感兴趣的中国读者解释以下几个问题：女性主义的源头在哪里？它的现状如何？它的未来又通向何方？

关于本书的翻译，我有一个问题想要解答：本书的书名是 *Kleine Geschichte des Feminismus*，把德语中的 Feminismus 一词翻译成中文的女性主义或女权主义似乎都说得通，那为什么要译为《女性主义简史》呢？主要基于以下两点考虑。

第一，从通行程度上来看，国内使用"女性主义"一词的频率远高于"女权主义"。近日，我在中国知网上搜索了从 1979 年至今的论文发表情况，发现以"女性主义"为主题的文献有 6 793 种，而以"女权主义"为主题的文献仅有 1 187 种。接着，我又在国家新闻出版署官网的出版物信息查询入口进入检索，结果发现以"女性主义"为关键词的图书有 1 768 种，而"女权主义"的搜索结果只有 416 条。可见，学术界和出版界似乎更青睐"女性主义"这一表述。

第二，有多位学者曾经指出，在中文语境中，"女权主义"显得有些咄咄逼人，而"女性主义"是一种相对温和的表述方式，也更容易在中国语境中被接受。如果再结合本书的内容，或者还有一个更充分的理由。"女权"的概念源自"人权"，而后者是启蒙运动以来的产物和思想成果。《女性主义简史》展示了从欧洲古代、犹太—基督教早期开始直到当代的女性思想发展演变。在启蒙运动时期兴起了自由主义女权主义思想，几部经典的女权主义理论著作都在那个时代问世，比如玛丽·沃斯通克拉夫特的《女权辩护》和奥林普·德古热的《妇女和女性公民权利宣言》。这昭示着当时的女性开始期盼在法律、政治和经济等公共领域，在教育、婚姻自主和子女养育等私人领域获得和男性同样的权利，并提出了明确诉求。从现有材料看，在此之前，女性虽然有过零星的思考，但没有把获取和男性一样天赋的权利纳入思想体系。当然，这其中有深刻的历史原因，比如教育程度受限等。因此，很难把启蒙运动之前的阶段同样作为女性主义的历史呈现出来。不过，考虑到从启蒙运动至20世纪上半叶的女性运动在理论和实践中都展现出强烈的，甚至激进的争取平权的诉求，本书在翻译过程和注释中也部分采纳了"女权主义者"和"女权主义思想"的译法。

为了方便读者理解相关历史语境，译著中添加的注释一律作为脚注。此外，全书出现了大量西方女性主义理论家和践行者，也不乏西方历史上的思想大家（包含部分男性），为此我另做了人名附录放在书后，涉及人物的生平、主张和主要贡献，以便读者追索。因为对女性主义的认识较为粗浅，本书的译文可能存在理解和翻译的偏差，恳请广大读者批评指正！

冯晓春

2024 年 12 月 5 日

参考文献

〔英〕露西·德拉普著，朱云译：《女性主义全球史》"译者序"，南京：南京大学出版社，2023年，第4页。

王政、高彦颐主编：《女权主义在中国的翻译历程》"序言"，上海：复旦大学出版社，2016年，第2页。